Power-

Säfte

Monika Cremer

T rinken Sie sich fit! Werden Sie
aktiver und fühlen Sie sich wohler
mit Säften – gemixt aus Obst oder Gemüse, Drinks, die auch mal mit Milchprodukten angereichert oder mit Tees ver-
feinert sind. Ein kleiner Energiestoß aus
dem Glas – reich an Vitaminen und mit
wertvollen Mineralstoffen – gibt Ihnen
Power für den ganzen Tag.

Inhalt

Alle Rezepte auf einen Blick

Rezept	Seite	kcal je Glas/Tasse	gut für den Darm	für gutes Aussehen	für die schlanke Linie	beliebt bei Kids	für Preisbewusste	stärkt das Immunsystem	bei Stress	für Aktive Sportler
Pink Beauty	10	120	✔		✔					
Himbeer-Pfirsich-Cocktail	10	90	✔		✔			✔		
Green Melone	12	160		✔		✔				
Birnen-Kiwi-Drink	13	290		✔		✔		✔		
Orange Morning	14	220				✔		✔	✔	✔
Rosa Beerenpower	15	150				✔		✔		
Rot in Rot	16	250		✔				✔		
Petersilien-Gurken-Cocktail	17	190		✔			✔			
Sellerie-Gurken-Drink	18	130						✔	✔	
Kohlrabi-Apfel-Drink	18	250		✔			✔	✔		✔
Spicy Tomato	20	60	✔	✔	✔		✔	✔		
Fenchel-Karotten-Drink	21	90		✔	✔		✔		✔	
Hot Paprika	22	180		✔			✔	✔		
Kräuter-Ayran	23	80	✔	✔	✔		✔	✔		✔
Orangenbuttermilch mit Sanddorn	24	310	✔	✔		✔		✔	✔	✔
Mangokefir mit Ingwer	24	150	✔	✔				✔	✔	
Müsli-Beeren-Drink	26	180	✔	✔					✔	✔

Rezept	Seite	kcal je Glas/Tasse	gut für den Darm	für gutes Aussehen	für die schlanke Linie	beliebt bei Kids	für Preisbewusste	stärkt das Immunsystem	bei Stress	für Aktive und Sportler
Pfirsich-Buttermilch-Shake	27	120	✔	✔	✔			✔		
Sesam-Kefir-Drink	28	170	✔	✔				✔	✔	
Guave-Himbeer-Power	29	160	✔	✔				✔	✔	✔
Sanfter Melissen-Soja-Cocktail	30	290		✔				✔		
Peppermint Papaya	31	170		✔				✔	✔	✔
Maracuja-Karotten-Cocktail	32	170		✔				✔		
Kiwi-Bananen-Drink	33	190						✔	✔	✔
Birnendrink mit Nuss	34	190				✔		✔		
Fenchel-Orangen-Drink	35	140		✔		✔		✔		
Ananas-Erdbeer-Drink	36	220			✔			✔		✔
Ananas-Bananen-Shake mit Ingwer	36	180						✔	✔	
Melonen-Orangen-Mix	38	140			✔			✔	✔	✔
Grapefruit-Mango-Mix	39	260		✔				✔	✔	
Grapefruit-Melissen-Drink	40	160				✔		✔	✔	
Heidelbeer-Soja-Shake	41	310	✔					✔		
Birnen-Zitrus-Schorle	42	150						✔		✔
Buttermilchshake Banana	42	120	✔	✔	✔	✔		✔		

Rezeptübersicht

Rezept	Seite	kcal je Glas/Tasse	gut für den Darm	für gutes Aussehen	für die schlanke Linie	beliebt bei Kids	für Preis-bewusste	stärkt das Immunsystem	bei Stress	für Aktive Sport
Exotic Schorle	44	120		✔	✔					✔
Icetea Ananas-Maracuja	45	130			✔					✔
Grüner Pfirsich	46	160				✔			✔	
Icetea Kiwi-Apfel	47	140	✔					✔		✔
Grüntee-Sangria	48	140	✔					✔		
Früchtepunsch	49	120		✔	✔			✔		✔
Trauben-Apfel-Drink	50	240						✔		✔
Guave-Frucht-Mix	50	70		✔	✔			✔		
Mango-Ananas-Cocktail	52	220		✔				✔		
Himbeer-Heidelbeer-Drink	53	120	✔	✔	✔			✔		
Popeye's Favourite	54	140		✔			✔		✔	✔
Rote-Bete-Drink mit Ananas	55	160		✔				✔		
Gemüsecocktail	56	90		✔	✔		✔	✔		
Roter Sellerie	57	110			✔			✔	✔	
Winter-ACE	58	250		✔				✔		
Holunder-Trauben-Drink	59	130						✔		
Orangenpunsch	60	160						✔	✔	
Teepunsch mit Aprikosen	60	140	✔						✔	

Mixen in der eigenen Küche

Mixdrinks aus frisch gepressten Früchten und Gemüsen oder auch aus fertigen Säften sind wahre Kraftbündel aus Vitaminen, Mineralien, Duft- und Geschmacksstoffen sowie vielen anderen Substanzen, die sich in den Pflanzen verstecken. Kein Wunder also, dass die Säfte nicht nur den Gaumen verwöhnen, sondern auch bioaktiv wirken: Sie beeinflussen den Stoffwechsel und damit die Gesundheit. Die Wirkungsorte der Vitamine und Mineralien im Körper sind äußerst vielfältig. So brauchen Sie Vitamin C z. B. fürs Immunsystem genauso wie für die Bildung von Hormonen, Nervenreizstoffen und Kollagenen (fürs Bindegewebe), für die Heilung von Wunden und zur Vorbeugung von Herz-Kreislauf-Erkrankungen oder Krebs. Aus diesem Grund kann z. B. ein Brain Drink auch die Schönheit der Haut fördern oder das Immunsystem stärken. Vieles spricht also für das Mixen zu Hause.

Geräte – welche braucht man?

Wer nicht nur fertige Säfte aus der Flasche mischen will, kommt um die Anschaffung spezieller Haushaltsgeräte nicht herum. Die Auswahl unter den Modellen und auch die Preisunterschiede sind groß. Lassen Sie sich in einem Fachgeschäft beraten. Überlegen Sie aber zuvor, wie häufig Entsafter und Co. bei Ihnen im Einsatz sein werden und welchen Stellenwert die Säfte in Ihrem Speiseplan einnehmen. Für all jene, die täglich frische Säfte pressen wollen, kann nämlich auf die Dauer die Anschaffung eines Geräts mit hoher Leistungsfähigkeit und größerer Saftausbeute sinnvoll sein, auch wenn es teuer ist.

Zitruspresse Wenn Sie regelmäßig Zitrusfrüchte entsaften, erleichtert eine elektrische Zitruspresse die Arbeit beträchtlich.

Pürierstab Ihn brauchen Sie, um weiches Obst zu pürieren, um Säfte zu mischen und um sie cremig zu schlagen. Für kleine Mengen ist der Pürierstab ideal. Mit einigen Modellen können Sie sogar Kräuter fein hacken (Gebrauchsanweisung beachten).

Mixer/Mixaufsatz der Küchenmaschine Er kann dasselbe wie ein Pürierstab, ist für größere Mengen aber besser geeignet. Kräuter und Nüsse hackt er im Handumdrehen klein. Je nach Leistung und Ausstattung kann der Mixer auch Eiswürfel zerkleinern (Gebrauchsanweisung beachten).

Entsafter Das Gerät ist unentbehrlich, wenn Sie frisch Gepresstes Fertigsäften vorziehen. Die meisten Modelle zerreiben die Gemüse- und Obststücke und schleudern sie innerhalb des Geräts nach außen. Der Trester bleibt in einem Sieb hängen oder kommt in einen Auffangbehälter, der Saft läuft ab. Nach einem anderen Prinzip arbeiten Entsafter mit Schneckengang-Presse. Bei diesem Gerät ist die Ausbeute groß, es ist aber auch recht teuer.

Dampfentsafter Wenn Sie viel Obst auf Vorrat entsaften möchten, kommen Sie an einem Dampfentsafter nicht vorbei. Bei diesem Gerät bringt Dampf die Zellen von Gemüse oder Früchten zum Platzen, der heiße Saft läuft ab.

Haarsieb Ein notwendiges Utensil zum Durchstreichen von Pürees, denn Fasern oder Kerne können den Genuss eines frisch gepressten Getränks im wahrsten Sinne des Wortes trüben.

Entsaften – was eignet sich dazu?

Prinzipiell kann man alle Obst- und Gemüsesorten, die auch roh gegessen werden, entsaften. Achten Sie dabei aber auf zwei Dinge. Sie sollten möglichst nur reife Früchte entsaften. Die Saftausbeute ist dann am höchsten und der Saft hat das volle Aroma. Überreife, matschige Früchte und Gemüse oder solche mit schimmeligen, fauligen Stellen sind für Saft nicht mehr geeignet. Zudem sollten Sie vor allem die Sorten nehmen, die Saison haben. Zum einen schmecken sie dann besser, zum anderen – und das trifft besonders auf Gemüse zu – kommen sie aus dem Feldanbau, sind ausgereift und weniger nitrathaltig als jene, die in Glashäusern wachsen.

Obst und Gemüse – wie entsaften?

Grundsätzlich gilt: Zitrusfrüchte mit der Zitruspresse, Gemüse- und Obstsorten im Entsafter. Weichere Sorten können auch püriert werden, allerdings kommt dabei das gesamte Fruchtfleisch mit in den Drink. Das macht ihn dickflüssig und cremig. Reines Püree daher am besten immer mit Saft, Wasser oder Milch verdünnen.

Vorbereitung Gemüse und Früchte waschen, sehr erdige Knollen gründlich in Wasser bürsten. Lassen sich die Knollen aufgrund von zu viel Wurzelfasern nicht gut säubern, müssen sie geschält werden. Beeren verlesen und abbrausen. Danach alles trockentupfen, sonst verwässert der Saft.

Beeren Zunächst Blättchen, Stiele und Stielansätze entfernen. Weiche Beeren wie Himbeeren, Brombeeren und Erdbeeren am besten pürieren und nach Belieben durch ein Sieb streichen. Trauben oder Johannisbeeren im Entsafter entsaften.

Zitrusfrüchte Die Früchte halbieren und auspressen.

Steinobst Pflaumen, Aprikosen oder Pfirsiche zunächst entsteinen. Reife weiche Früchte werden anschließend mit dem Pürierstab oder im Mixer püriert.

Fertige Säfte – eine Alternative

Wenn die Zeit zum Selbstpressen nicht reicht, nehmen Sie Fruchtsäfte aus der Flasche. Sie enthalten meist keinen Zucker. Muttersäfte sind ebenfalls reine Fruchtsäfte. Sie sind aber entweder stark säurehaltig oder sehr dickflüssig und müssen verdünnt werden. Nektar enthält nicht nur Saft, sondern auch Wasser und Zucker. Wie viel Frucht im Nektar mindestens sein muss, ist für jede Sorte gesetzlich vorgeschrieben. Wenn Sie einen Nektar nehmen, vergleichen Sie die Anbieter und greifen Sie zu dem Nektar mit dem höchsten Fruchtanteil. Fruchtsaftgetränke kommen für die Power-Säfte nicht infrage.

Kernobst Apfel und Birne kommen in Stücke geschnitten zusammen mit dem Kerngehäuse in den Entsafter. Weiche Birnen (ohne Kerngehäuse) können auch püriert werden.

Exoten Ananas schälen, in Stücke schneiden und im Entsafter entsaften. Banane, Kiwi, Mango oder Papaya schälen und das Fruchtfleisch pürieren.

Wurzel- und Knollengemüse In Stücke schneiden und im Entsafter entsaften. Meist bleibt die Schale dran. Bei Roten Beten kann sie allerdings sehr erdig und streng schmecken. Wer das nicht riskieren will, muss die Roten Beten schälen.

Blattgemüse und Kräuter Spinatblätter können Sie problemlos im Entsafter entsaften. Dazu müssen Sie zuvor aber die Blätter fest zusammenrollen. Kräuterblättchen sollte man dagegen besser mit dem Messer oder im Mixer klein hacken.

Fruchtgemüse Tomaten, Fenchel oder Gurke sind recht unproblematisch: einfach das Gemüse in Stücke schneiden und anschließend im Entsafter entsaften.

Milch – sie macht Drinks cremig

Energy Drinks und Co. kommen an Milch und Milchprodukten nicht vorbei. Aber nicht alles lässt sich mischen. Kiwi, Ananas, Papaya und Heidelbeere zerstören das Milcheiweiß und machen die Milch bitter. Für Figurbewusste: immer fettarme Milch und Milchprodukte bevorzugen.

Die Rezepte

Pink Beauty

Molkedrink zum Entschlacken

**Pürierstab/
Mixer ✔**

**Zitronen-
presse**

Entsafter

Haarsieb

Gefrierfach

Für 1 Glas
- Zubereitungszeit:
  ca. 10 Min.
- ca. 120 kcal
- ca. 130 mg
  Kalzium

1 frische Feige
1 große Pflaume (ca. 80 g)
150 ml Molke • 1 Spritzer Zitronensaft
1 Scheibe von 1 unbehandelten Zitrone

1. Die Feige waschen und vierteln. Eine dünne Spalte abschneiden und beiseite legen. Das Fruchtfleisch mit einem Teelöffel aus den restlichen Vierteln streichen.

2. Die Pflaume waschen, halbieren, entkernen und in Stücke schneiden.

3. Die Feige und die Pflaume zusammen mit der Molke pürieren. Anschließend den Drink mit einem Spritzer Zitronensaft abschmecken.

4. Die Zitronenscheibe vierteln. 1 Zitronenviertel und die restliche Feigenspalte auf einen Holzspieß stecken. Den Drink in ein Glas gießen und den Spieß auf den Rand legen.

Molke

Molke basiert auf Milch und entsteht bei der Käseherstellung. Sie ist von jeher ein Schönheitsmittel und enthält wichtige Eiweißbausteine. Sie wird innerlich und äußerlich, z. B. als Bad, benutzt. Genießen Sie Molke vor allem als Drink, denn in ihr stecken neben dem Eiweiß viele Mineralstoffe. Sie ist sehr fettarm und gut für die Verdauung.

Himbeer-Pfirsich-Cocktail

Schönheitspflege für den Darm

**Pürierstab/
Mixer ✔**

**Zitronen-
presse**

Entsafter

Haarsieb

Gefrierfach

Für 2 Gläser
- Zubereitungszeit:
  ca. 10 Min.
- ca. 90 kcal je
  Glas
- ca. 140 mg
  Kalzium je Glas

70 g Himbeeren
1 großer Pfirsich
1 TL Acerolasaft • 400 ml Molke • 2 TL Weizenkleie

1. Die Himbeeren verlesen und kurz kalt abspülen. Die Blättchen und die Stiele abzupfen.

2. Den Pfirsich schälen, halbieren und den Kern herausnehmen. Das Fruchtfleisch in Stücke schneiden.

3. Himbeeren, Pfirsich, Acerolasaft und Molke pürieren. 1 TL Weizenkleie in den Drink rühren.

4. Den Cocktail in zwei Gläser füllen und mit der restlichen Weizenkleie dekorieren.

Tipp

Da die Himbeeren püriert werden, wandern auch die kleinen Kernchen in den Drink. Sie liefern ebenso wie die Weizenkleie Ballast für den Darm – und der wiederum tut der Verdauung und den Darmbakterien gut. Wenn Sie die Kernchen stören, sollten Sie das Fruchtpüree durch ein Haarsieb streichen.

**Pürierstab/
Mixer ✓**

**Zitronen-
presse**

Entsafter

Haarsieb

Gefrierfach ✓

Für 2 Gläser

- Zubereitungszeit:
  ca. 10 Min.
- ca. 160 kcal je
  Glas
- ca. 660 mg
  Kalium je Glas

Green Melone

Mit Schönheitsvitaminen

$^1/_3$ kleine Honigmelone mit grünem Fruchtfleisch,
z. B. Galia (ca. 200 g)
$^1/_4$ kleine Avocado (ca. 50 g)
$^1/_8$ l Orangensaft
$^1/_8$ l weißer Traubensaft
einige Eiswürfel • $^1/_2$ Scheibe einer unbehandelten
Orange zum Garnieren

1. Von der Melone die Kerne und die Schale entfernen. Das Fruchtfleisch (ca. 150 g) in
große Stücke schneiden.

2. Die Avocado schälen und den Kern mit
einem spitzen Messer herausnehmen.

3. Die Melone und die Avocado zusammen
mit dem Orangensaft pürieren.

4. Den Traubensaft dazugeben und alles
noch einmal gut mixen.

5. Die Eiswürfel in Gläser füllen und den
Saft darüber geben. Die Orangenscheibe
vierteln und je ein Orangenviertel auf die
Glasränder stecken.

Tipp

Wenn Sie statt des Pürierstabs einen Mixer oder
den Mixaufsatz der Küchenmaschine nehmen,
können Sie alle Zutaten auf einmal bei hoher Stufe
mixen.

Avocado

Die Avocado gehört zu den tropischen Beerenfrüch-
ten, in der Küche wird sie jedoch häufiger für pi-
kante Gerichte verwendet als für Süßspeisen. Auch
was ihre Inhaltsstoffe betrifft, ist sie Individualist: Im
Gegensatz zu den meisten anderen Früchten enthält sie verhältnismäßig viel Fett. Dieses bietet aber
wertvolle ungesättigte Fettsäuren.

Birnen-Kiwi-Drink
Hautpflege von innen

1 unbehandelte Zitrone
2 große, feste Birnen (ca. 400 g)
1 Kiwi
$\frac{1}{4}$ Avocado (ca. 75 g)

1. Die Zitrone halbieren, eine Scheibe für die Dekoration abschneiden und beiseite legen. Die Hälften auspressen.

2. Die Birnen waschen, trockentupfen und in Stücke schneiden. Die Birnenstücke im Entsafter entsaften. Den Saft sofort mit dem Zitronensaft mischen.

3. Die Kiwi schälen, halbieren und eine Scheibe abschneiden. Die Scheibe für die Dekoration beiseite legen.

4. Den Kern der Avocado entfernen und die Frucht schälen. Das Fruchtfleisch in Stücke schneiden.

5. Kiwi- und Avocadostücke zusammen mit dem Birnen-Zitronen-Saft pürieren. Den Saft in ein Glas füllen.

6. Die Zitronenscheibe vierteln. Ein Zitronenviertel und die Kiwischeibe auf den Glasrand stecken.

Tipps

Schneller geht es, wenn Sie die Birnen nicht entsaften, sondern Birnensaft aus der Flasche nehmen. Sie benötigen dann etwa 0,2 l.

Je nach Reifegrad liefern die Birnen recht unterschiedliche Saftmengen. Bei reifen, weichen Früchten reicht eine große Birne aus.

Pürierstab/
Mixer ✔
Zitronen-
presse ✔
Entsafter ✔
Haarsieb
Gefrierfach

Für 1 Glas
● Zubereitungszeit:
  ca. 20 Min.
● ca. 290 kcal
● ca. 100 mg
  Vitamin C

Pürierstab/ Mixer ✓

Zitronen- presse ✓

Entsafter

Haarsieb ✓

Gefrierfach

Für 1 Glas

- Zubereitungszeit: ca. 20 Min.
- ca. 220 kcal
- ca. 600 µg Beta-Carotin

Orange Morning

Sommer-Sonnen-Morgen-Drink

1 Orange

¼ Papaya (ca. 100 g) • 150 g Honigmelone, eine Sorte mit gelborangem Fruchtfleisch (z. B. Charentais- oder Cantaloupemelone)

1 Maracuja

2 kleine Papayastückchen zum Dekorieren • 1 Blättchen Zitronenmelisse zum Dekorieren

1. Die Orange halbieren und die Hälften auf einer Zitronenpresse auspressen.

2. Die Papaya und die Honigmelone schälen und die Kerne entfernen. Das Fruchtfleisch in große Stücke schneiden.

3. Das Papaya- und das Melonenfruchtfleisch mit dem Orangensaft pürieren.

4. Die Maracuja halbieren. Das Fruchtfleisch mit den Kernen mithilfe eines Teelöffels herausnehmen und durch ein feines Sieb streichen.

5. Den Maracujasaft zum Saft geben, alles noch einmal kurz mixen und in ein Glas füllen.

6. Die Zitronenmelisse im Wechsel mit den Papayastücken auf einen kleinen Holzspieß stecken und diesen mithilfe der Fruchtstücke auf den Rand des Glases klemmen.

Tipps

Das Beta-Carotin in diesem Drink schützt als Antioxidans vor den schädlichen Wirkungen des Sonnenlichts. Allerdings kann es den Sonnenschutz durch eine Creme mit Lichtschutzfaktor nicht ersetzen! Das Immunsystem braucht Vitamin C. Nur wenn es gut damit versorgt ist, bleibt es leistungsfähig. Deshalb sollte man jeden Tag viel Vitamin-C-reiches Obst und Gemüse essen und öfter frisch gepresste Säfte trinken. So lässt sich die Widerstandskraft stärken.

Pürierstab/
Mixer ✓

Zitronen-
presse

Entsafter

Haarsieb

Gefrierfach

Rosa Beerenpower

Für starke Knochen

Für 2 Gläser

● Zubereitungszeit:
  ca. 15 Min.
● ca. 150 kcal je
  Glas
● ca. 270 mg
  Kalzium je Glas

¹/₂ Vanilleschote

50 g Himbeeren • 100 g Erdbeeren •

5 Blätter Pfefferminze

2 EL fettarmer Joghurt • 1 TL Kokosraspel

350 ml fettarme Milch • 1 TL Honig (nach Belieben)

2 Zweige Pfefferminze zum Garnieren

1. Die Vanilleschote längs halbieren und das Mark mit einem Messer herauskratzen.

2. Die Beeren verlesen, kurz abspülen und die Stielansätze abzupfen. Die Pfefferminze waschen und trockentupfen.

3. Die Beeren mit der Minze, dem Joghurt, den Kokosraspeln und dem Vanillemark pürieren.

4. Die Milch darunter mixen und das Ganze nach Belieben mit Honig süßen.

5. Den Drink in Gläser füllen und mit je einem Pfefferminzzweig garnieren.

Milch

Milch liefert Knochenpower: Nicht nur die Kleinen brauchen Milch, Joghurt & Co. – die Großen ebenfalls. Denn in Milch steckt viel Kalzium, ein Baustein für die Knochen. Es lohnt sich, ständig für Nachschub an diesem Mineralstoff zu sorgen. Wer sich gleichzeitig viel bewegt, sorgt dafür, dass die Knochen lange fit bleiben.

Rot in Rot

Zwischendurch viel Vitamin C

1 Orange
1 Knolle Rote Bete (ca. 250 g)
100 ml Johannisbeersaft (Muttersaft) •
1 TL Nussmus • 1 TL Honig nach Belieben
1 Rispe Johannisbeeren oder 1 Scheibe Orange

1. Die Orange halbieren und die Hälften auf einer Zitronenpresse auspressen.

2. Die Rote Bete gründlich in kaltem Wasser abbürsten, nach Belieben schälen und im Entsafter entsaften.

3. Den Rote-Bete-Saft, den Orangensaft und den Johannisbeersaft mischen. Das Nussmus darunter quirlen und den Drink nach Belieben mit Honig süßen.

4. Den Drink in ein Glas geben. Die Johannisbeerrispe oder die Orangenscheibe auf den Glasrand setzen.

Nüsse

Es gibt verschiedene Arten von Nussmus. Für Drinks eignet sich ein Mischmus aus Erdnüssen, Haselnüssen, Mandeln und Cashewnüssen. Das Mus macht Drinks cremig und bringt die Schönheitsvitamine E, Pantothensäure und Biotin mit. Das Fett der Nüsse sorgt dafür, dass die fettlöslichen Vitamine und Vitalstoffe der Früchte und Gemüse besser aufgenommen werden können.

**Pürierstab/
Mixer**

**Zitronen-
presse ✔**

Entsafter ✔

Haarsieb

Gefrierfach

Für 1 Glas
- Zubereitungszeit: ca. 15 Min.
- ca. 250 kcal
- ca. 100 mg Vitamin C

Petersilien-Gurken-Cocktail

Viel Kalium für den Wasserhaushalt

1 Birne (ca. 200 g) • 250 g Salatgurke •
¹/₂ Bund glattblättrige Petersilie •
5–6 Blättchen Pfefferminze
1 TL Öl

1. Die Birne, die Salatgurke und die Kräuter waschen. Die Birne und die Gurke trockenreiben.

2. Die Petersilie trockentupfen und die Blättchen von den Stängeln zupfen.

3. Die Birne und die Gurke in größere Stücke schneiden, dabei eine Gurkenscheibe abschneiden und für die Garnierung beiseite legen. Die Birnen- und Gurkenstücke im Entsafter entsaften.

4. Anschließend die Petersilien- und die Minzblättchen mit etwas Saft im Mixer fein zerhacken.

5. Den restlichen Saft dazugeben und mit dem Öl unter die Kräuter mixen.

6. Der Drink in ein Glas füllen. Die Schale der zurückgelegten Gurkenscheibe einkerben und die Scheibe doppelt durchstochen auf einen Holzspieß stecken. Den Spieß über den Rand des Glases legen.

Öl im Drink?

Einige Vitamine und Substanzen, denen gesundheitsfördernde Wirkung zugeschrieben wird, sind fettlöslich. Dazu zählen z. B. die Carotinoide, die bei diesem Drink vor allem in der Petersilie enthalten sind. Etwas Öl fördert die Aufnahme dieser Stoffe. Aber auch die Öle selbst sind gesund. Sie liefern lebensnotwendige Fettsäuren und Vitamin E.

Pürierstab/
Mixer ✔

Zitronen-
presse

Entsafter ✔

Haarsieb

Gefrierfach

Für 1 Glas
- Zubereitungszeit:
  ca. 20 Min.
- ca. 190 kcal
- ca. 920 mg
  Kalium

Sellerie-Gurken-Drink

Erfrischung mit Schönheitsmineralien

Pürierstab/Mixer ✔
Zitronenpresse ✔
Entsafter ✔
Haarsieb
Gefrierfach

Für 2 Gläser
- Zubereitungszeit: ca. 20 Min.
- ca. 130 kcal je Glas
- ca. 1060 mg Kalium je Glas

400 g Salatgurke • 300 g Knollensellerie •
1 Stück frische Ingwerwurzel (etwa 4 cm lang)
1 Banane
$^1/_2$ Zitrone • 2 Zweige Selleriegrün zum Dekorieren

1. Die Salatgurke waschen, den Knollensellerie mit einer Bürste in Wasser gründlich säubern. Den Ingwer abspülen. Gurke, Sellerie und Ingwer trockentupfen.

2. Die Gurke halbieren. Die Gurkenhälften, den Sellerie und den Ingwer in Stücke schneiden und im Entsafter entsaften.

3. Die Banane schälen, in Stücke teilen und mit dem Saft pürieren.

4. Die Zitrone auspressen und den Zitronensaft unter den Saftmix rühren. Den Drink in Gläser füllen und mit je einem Zweig Selleriegrün dekorieren.

Gurken

Gurken bieten in erster Linie Wasser und Mineralstoffe. Vor allem das Kalium ist wichtig, denn es wirkt entschlackend und entwässernd. Gurkenscheiben auf der Haut sind beliebte erfrischende Gesichtsmasken.

Kohlrabi-Apfel-Drink

Schutzfaktoren für die Haut

Pürierstab/Mixer
Zitronenpresse
Entsafter ✔
Haarsieb
Gefrierfach

Für 1 Glas
- Zubereitungszeit: ca. 10 Min.
- ca. 250 kcal
- ca. 1600 µg Beta-Carotin

1 kleine Knolle Kohlrabi (ca. 200 g) •
2 Äpfel (ca. 300 g)
20 g glattblättrige Petersilie
1 TL Sahne

1. Den Kohlrabi und die Äpfel waschen, trockenreiben und dann in große Stücke schneiden.

2. Die Petersilie waschen und mit Küchenkrepp trockentupfen.

3. Den Kohlrabi entsaften. Dann die Petersilie fest zusammenrollen, in den Entsafter geben und ebenfalls entsaften. Zum Schluss die Apfelstücke entsaften.

4. Den Gemüsemix mit der Sahne verrühren und in ein Glas füllen.

Kohlrabi

Kohlarten und damit auch der Kohlrabi kommen zu neuen Ehren. In der Küche entdeckt man ihre Vielseitigkeit und in der Wissenschaft die gesundheitlichen Wirkungen ihrer Inhaltsstoffe. Diese können sogar vor verschiedenen Arten von Krebs schützen.

Spicy Tomato
Farbenfroher Vitalstoffcocktail

250 g Tomaten • 150 g Karotten • 1 Knoblauchzehe
1 EL fettarmer Joghurt
3 Zweige Koriandergrün
1 Prise Cayennepfeffer
1 Cocktailtomate zum Garnieren

1. Die Tomaten und die Karotten waschen und trockenreiben. Den Knoblauch schälen.

2. Tomaten, Karotten und Knoblauch im Entsafter entsaften. Den Joghurt in den Saft einrühren.

3. Den Koriander waschen, trockentupfen und von 2 Zweigen die Blättchen fein hacken. Den dritten Zweig für die Garnierung beiseite legen.

4. Den gehackten Koriander unter den Saft rühren und diesen mit Cayennepfeffer abschmecken.

5. Den Drink in ein Glas füllen und mit dem dritten Korianderzweig verzieren. Die Cocktailtomate waschen, trockenreiben und schräg unten ein kleines Stück einschneiden. An der Schnittstelle die Tomate auf den Glasrand setzen.

Tomaten

Die rote Farbe der Tomaten verwöhnt unser Auge, macht Appetit und Laune und ist sogar gesund. Denn der rote Farbstoff gehört zu jenen Stoffen, denen eine vorbeugende Wirkung bei Krebs und Herz-Kreislauf-Erkrankungen zugeschrieben wird. Die Körperzellen kann er vor aggressiven chemischen Verbindungen, die u. a. durch Sonneneinstrahlung oder durch Zigarettenrauch entstehen, schützen.

Pürierstab/ Mixer

Zitronen- presse

Entsafter ✔

Haarsieb

Gefrierfach

Für 1 Glas

● Zubereitungszeit: ca. 15 Min.
● ca. 60 kcal
● ca. 4800 µg Beta-Carotin

Fenchel-Karotten-Drink

Schmeichelt Magen und Darm

100 g Fenchel • 50 g Salatgurke • 250 g Karotten •
$^1/_2$ Zitrone

1 Tropfen Öl

1 Scheibe von einer unbehandelten Orange zum
Garnieren • etwas Fenchelgrün zum Garnieren

1. Den Fenchel und die Gurke waschen
und trockenreiben. Die Karotten gründlich in
Wasser abbürsten und ebenfalls trockenreiben. Die Zitronenhälfte auspressen.

2. Das Gemüse in große Stücke schneiden und im Entsafter entsaften.

3. Den Gemüsesaft mit dem Zitronensaft
abschmecken und den Tropfen Öl einrühren.

4. Den Saft in ein Glas füllen. Die Orangenscheibe in Viertel schneiden. Den Drink mit
2 Orangenstücken und etwas Fenchelgrün
dekorieren.

Tipps

Fenchelfans können etwas mehr Fenchel nehmen,
der typische Geschmack tritt dann noch stärker
hervor.

Statt des Zitronensafts können Sie auch Grapefruitsaft oder Orangensaft nehmen.

**Pürierstab/
Mixer**

**Zitronen-
presse** ✔

Entsafter ✔

Haarsieb

Gefrierfach

Für 1 Glas

● Zubereitungszeit:
ca. 15 Min.
● ca. 90 kcal
● ca. 12200 µg
Beta-Carotin

Hot Paprika

Vitamin C und Carotinoide

½ Orange • 2 kleine rote Paprikaschoten (250 g) •
1 Stück frische Meerrettichstange (ca. 1 cm lang)
1 TL Nussmus

1. Die Orange auspressen. Die Paprikaschoten waschen, trockenreiben, halbieren
und Stielansatz, Kerne und Scheidewände
entfernen. Nun das Fruchtfleisch in Stücke
schneiden. Den Meerrettich gründlich in kaltem Wasser abbürsten und in Scheiben
schneiden.

2. Die Paprikastücke und den Meerrettich
im Entsafter entsaften. Den Saft mit dem
Orangensaft und dem Nussmus vermischen.
Den Saft in ein Glas füllen.

Tipps

Wenn Sie keinen frischen Meerrettich bekommen,
mischen Sie etwas geriebenen aus dem Glas in den
Drink.

Anstelle des Nussmuses können Sie auch 1 TL Öl
nehmen. Bevorzugen Sie kaltgepresste Öle, z.B. Dis-
telöl oder Leinöl mit reichlich ungesättigten
Fettsäuren, die lebensnotwendig sind.

Meerrettich

Meerrettich ist mit dem Senf verwandt und enthält
wie dieser Senföle. Diese sorgen nicht nur für die
Schärfe, sondern wirken auch antimikrobiell und
können Krankheitserreger, vor allem im Bereich der
Harnwege, beseitigen.

**Pürierstab/
Mixer**

**Zitronen-
presse** ✔

Entsafter ✔

Haarsieb

Gefrierfach

Für 1 Glas

● Zubereitungszeit:
  ca. 15 Min.
● ca. 180 kcal
● ca. 390 mg
  Vitamin C

Pürierstab/
Mixer ✔

Zitronen-
presse

Entsafter

Haarsieb

Gefrierfach ✔

Kräuter-Ayran

Beautydrink aus dem Orient

Für 1 Glas
● Zubereitungszeit:
  ca. 10 Min.
● ca. 80 kcal
● ca. 340 mg
  Kalzium

¹/₂ Schälchen Kresse

200 g fettarmer Joghurt

etwas Salz •

1 Msp. Senfpulver oder scharfer Senf

3 Eiswürfel • etwas Mineralwasser

1. Die Kresseblättchen kurz über dem Boden abschneiden, abspülen und abtropfen lassen. Einige Kresseblättchen zum Dekorieren beiseite legen.

2. Die Kresse mit 1–2 EL Joghurt im Mixer fein hacken. Den restlichen Joghurt darunter rühren und alles mit Salz und Senfpulver oder Senf würzen.

3. Die Eiswürfel in ein Glas geben, den Kräuterjoghurt darüber gießen und das Glas mit Mineralwasser auffüllen. Das Getränk mit der zurückgelegten Kresse dekorieren.

Tipps

Senf dient zur Würze, hilft der Verdauung und enthält Senföle. Diese Vitalstoffe wirken bioaktiv und können z. B. Krankheitserreger abtöten.

Das Originalgetränk, das in Ländern des Vorderen Orients sehr beliebt ist, besteht nur aus Joghurt, Wasser und Salz. Manchmal wird es mit etwas Knoblauch oder fein gehackter Pfefferminze gewürzt.

oben:
**Orangenbuttermilch
mit Sanddorn**
unten:
**Mangokefir
mit Ingwer**

Orangenbuttermilch mit Sanddorn

Bringt Energie und gute Laune

**Pürierstab/
Mixer** ✔
**Zitronen-
presse** ✔
Entsafter
Haarsieb
Gefrierfach

Für 1 Glas
- Zubereitungszeit:
  ca. 10 Min.
- ca. 310 kcal
- ca. 290 mg
  Kalzium

1 Orange
2 EL Sanddorn, mit Honig gesüßt •
150 ml Buttermilch
3 EL Haferflocken (Instantflocken)

1. Die Orange halbieren. Eine dünne Scheibe abschneiden und beiseite legen. Die restliche Orange auspressen.

2. Den Sanddorn mit der Buttermilch pürieren und den Orangensaft dazugeben.

3. Alle Haferflocken bis auf ½ TL unter die Orangenbuttermilch rühren.

4. Den Drink in ein Glas füllen. Die restlichen Haferflocken auf den Drink streuen.

5. Die Orangenscheibe vierteln. Ein Orangenviertel auf den Glasrand stecken.

Sanddorn

Sanddorn enthält viel Vitamin C. Dieses Vitamin spielt nicht nur im Immunsystem, sondern auch im Hormonhaushalt und bei der Bildung von Nervenreizstoffen eine wichtige Rolle. Rauchen Sie oder haben Sie ständig Stress? Dann achten Sie besonders auf reichlich Vitamin C.

Mangokefir mit Ingwer

Belebend und stärkend

**Pürierstab/
Mixer** ✔
**Zitronen-
presse** ✔
Entsafter
Haarsieb ✔
Gefrierfach ✔

Für 2 Gläser
- Zubereitungszeit:
  ca. 15 Min.
- ca. 150 kcal je
  Glas
- ca. 170 mg
  Kalzium je Glas

1 Orange • ½ Mango (200 g)
200 ml Kefir
1 Stück frische Ingwerwurzel (ca. 2 cm lang)
8 Eiswürfel
2 Zweige Minze zum Dekorieren

1. Die Orange halbieren und auspressen. Die Mango schälen, das Fruchtfleisch vom Kern schneiden und in Stücke teilen.

2. Das Mangofleisch mit dem Orangensaft pürieren und durch ein Sieb streichen. Den Orangen-Mango-Saft und den Kefir mischen.

3. Den Ingwer schälen und sehr fein reiben. Dann den Ingwer unter den Kefirdrink rühren.

4. Die Eiswürfel in Gläser füllen und den Kefirdrink darauf gießen.

5. Die Minze waschen, trockentupfen. Den Kefir mit den Spitzen der Zweige dekorieren.

Tipp

Mango und Ingwer werden in der indischen Küche oft gemeinsam verwendet, z. B. im Mango-Chutney. Die Süße der Mango mildert die Schärfe des Ingwers und dieser wiederum verleiht der Mango Pep. Beide haben's in sich: die Mango Carotinoide und Vitamin E gegen Stress und der Ingwer ätherische Öle für den Stoffwechsel.

**Pürierstab/
Mixer ✓**

**Zitronen-
presse**

Entsafter ✓

Haarsieb

Gefrierfach

Für 2 Gläser

● Zubereitungszeit:
ca. 15 Min.
● ca. 180 kcal je
Glas
● ca. 210 mg
Kalzium je Glas

Müsli-Beeren-Drink

Studentenfutter in neuem Outfit

1 weiche Birne • 100 g Brombeeren

3 EL schwarzer Johannisbeersaft (Muttersaft) •

2 EL Haferflocken oder Müslimischung

300 ml Buttermilch • 2 TL Honig

einige Brombeeren zum Garnieren •

2 Zweige Pfefferminze zum Garnieren

1. Die Birne schälen, das Kerngehäuse
entfernen und das Fruchtfleisch in kleine

Stücke schneiden. Die Brombeeren verlesen
und waschen.

2. Die Birnenstücke und die Brombeeren
mit dem Johannisbeersaft und den Haferflocken oder der Müslimischung in einen
Mixer geben.

3. Alles bei hoher Umdrehungszahl so
lange pürieren, bis eine glatte Masse ent-
standen ist.

4. Die Buttermilch und den Honig dazugeben und alles nochmal mixen. Den Drink in
2 Gläser füllen.

5. Die Brombeeren auf 2 Cocktailspieße
stecken und diese in die Gläser stellen. Die
Minze waschen und trockentupfen. Den
Drink mit den Pfefferminzzweigen garnieren.

Tipp

Wenn Sie die kleinen Kernchen der Brombeeren zu
sehr stören, sollten Sie das Püree durch ein Sieb
streichen. Es empfiehlt sich dann auch, statt der
normalen Haferflocken Instantflocken zu nehmen,
die sich ganz fein im Drink verteilen.

Haferflocken

In Haferflocken sind viele Substanzen enthalten, die
Sie körperlich und geistig fit halten, z. B. Lecithin für
die Nerven, Magnesium gegen Stress, aber auch das
Schönheitsvitamin Biotin oder der wichtige Mineralstoff Zink.

Pürierstab/
Mixer ✔

Zitronen-
presse

Entsafter

Haarsieb

Gefrierfach

Pfirsich-Buttermilch-Shake

Viel Lecithin für starke Nerven

1 großer Pfirsich

4 Erdbeeren oder 3 EL Erdbeermuttersaft

150 ml Buttermilch • 150 ml weißer Traubensaft

Mineralwasser

2 Erdbeeren mit Grün zum Garnieren •

2 Erdbeerblättchen zum Garnieren

Für 2 Gläser
- Zubereitungszeit: ca. 20 Min.
- ca. 120 kcal je Glas
- ca. 120 mg Kalzium je Glas

1. Den Pfirsich waschen, halbieren und den Kern entfernen. Den Pfirsich schälen und das Fruchtfleisch in große Würfel schneiden.

2. Die Erdbeeren – falls verwendet – waschen, trockentupfen und die Stielansätze entfernen.

3. Den Pfirsich und die Erdbeeren oder den Erdbeersaft mit der Buttermilch und dem Traubensaft pürieren.

4. Der Drink in Gläser füllen und nach Belieben mit Mineralwasser verdünnen. Je eine Erdbeere und je ein Blättchen auf bzw. an den Glasrand setzen.

Buttermilch

Buttermilch enthält Lecithin, das für die mentale Fitness wichtig ist. Außerdem stecken in ihr viele Vitamine und Kalzium, aber deutlich weniger Fett als in normaler Milch. Für alle, die viel am Schreibtisch arbeiten und bei denen die sportliche Betätigung etwas zu kurz kommt, ist Buttermilch ein idealer Kalziumlieferant.

27

Sesam-Kefir-Drink

Cremiger Vitamin- und Mineralstoffmix

1 Orange • 1 kleine Banane

1 gestrichener TL Sesammus (Tahin)

1 TL Acerolasaft • 250 ml Kefir

1 TL Honig nach Belieben

einige Sesamsamen zum Garnieren

1. Die Orange halbieren und die Orangen-hälften auspressen. Die Banane schälen und in große Stücke schneiden.

2. Die Bananenstücke mit dem Orangen-saft und dem Sesammus pürieren.

3. Den Acerolasaft und den Kefir dazuge-ben und alles noch einmal kurz pürieren.

4. Den Drink nach Belieben mit Honig süßen, dann in Gläser füllen und mit etwas Sesam bestreuen.

Sesam

Sesam besteht wie alle Samen und Nüsse aus sehr viel Fett. Deshalb sollten Sie ihn stets nur in kleinen Mengen verwenden. Sesam bietet außerdem viele Vitamine und Mineralstoffe wie z. B. Kalzium. Dieses ist auch im Kefir enthalten, der diesen Drink zu ei-nem echten Knochen-Power-Mix macht.

Pürierstab/
Mixer ✔

Zitronen-
presse ✔

Entsafter

Haarsieb

Gefrierfach

Für 2 Gläser

● Zubereitungszeit: ca. 15 Min.

● ca. 170 kcal je Glas

● ca. 200 mg Kalzium je Glas

Pürierstab/
Mixer ✔
Zitronen-
presse ✔

Entsafter

Haarsieb ✔

Gefrierfach

Guave-Himbeer-Power

Abschalten und auftanken

Für 1 Glas
- Zubereitungszeit:
  ca. 15 Min.
- ca. 160 kcal
- ca. 280 mg
  Vitamin C

150 g Himbeeren
1 Guave
2 EL fettarmer Joghurt • 2 TL Honig
stilles Mineralwasser zum Auffüllen
2 TL Weizenkeime

1. Die Himbeeren verlesen, dann kurz abspülen und mit Küchenkrepp trockentupfen.

2. Die Guave schälen und das Fruchtfleisch in Stücke schneiden.

3. Himbeeren und Guave pürieren. Das Püree durch ein Sieb streichen, sodass die Kerne zurückbleiben.

4. Das Früchtepüree mit dem Joghurt und dem Honig mixen.

5. Das Püree in ein Glas füllen und mit dem stillen Mineralwasser auffüllen.

6. Zum Schluss die Weizenkeime mit einem Barlöffel unter den Drink rühren.

Tipps

Himbeeren sind nicht ganz billig, wenn man sie nicht im eigenen Garten ernten kann. Doch es lohnt sich, hin und wieder auf dem Markt zuzugreifen, da Himbeeren viele wichtige Mineralstoffe und Vitamine enthalten. Außerdem kann Phenolsäure in den Himbeeren gegen krebserregende Stoffe aus der Umwelt helfen.

Tauschen Sie die Weizenkeime gegen 1 TL Weizenkleie oder Leinsamen, wenn Sie Verdauungsprobleme haben, und verdünnen Sie den Drink noch stärker mit Wasser. Empfehlenswert: Trinken Sie zumindest 2 l am Tag, damit der Darm in Schwung kommt.

Pürierstab/ Mixer
Zitronen- presse ✓
Entsafter
Haarsieb
Gefrierfach ✓

Für 1 Glas

- Zubereitungszeit: ca. 15 Min.
- ca. 290 kcal
- ca. 160 µg Vitamin B_2

Sanfter Melissen-Soja-Cocktail

Anti-Stress-Programm von innen

2–3 Zweige Zitronenmelisse (15–20 Blättchen)
100 ml weißer Traubensaft • 130 ml Sojamilch
2 TL Zitronensaft
4–5 Eiswürfel

1. Die Zitronenmelisse waschen, trockentupfen, 1 Zweig für die Garnierung beiseite legen und von der restlichen Zitronenmelisse die Blättchen abzupfen. Die Blättchen sehr fein hacken – das geht am besten im Mixer oder mit speziellen Aufsätzen für den Pürierstab.

2. Traubensaft und Sojamilch mischen, die Zitronenmelisse darunter rühren.

3. Den Drink mit dem Zitronensaft abschmecken.

4. Eiswürfel in ein Glas geben, den Melissencocktail darauf geben und den Zweig Zitronenmelisse hineinstecken.

Tipp

Milch und Sojamilch liefern Vitamin B_2. Dieses Vitamin hilft dabei, Energie aus den Nährstoffen zu gewinnen. Es ist aber auch für die Nerven wichtig.

Kräuter

Kräuter sind wahre Kraftpakete an Vitalstoffen. Vitamine und Mineralstoffe sind darin in hoher Konzentration zu finden, darüber hinaus aber auch viele so genannte sekundäre Pflanzeninhaltsstoffe, wie ätherische Öle, Gerbstoffe oder Bitterstoffe. Die in der Zitronenmelisse enthaltenen Stoffe wirken vor allem beruhigend für die Nerven, beleben gleichzeitig aber auch ein wenig, sodass der Drink genau das Richtige nach einem anstrengenden Tag ist.

Pürierstab/ Mixer ✔	
Zitronen- presse ✔	
Entsafter	
Haarsieb	
Gefrierfach ✔	

Peppermint Papaya

Erfrischung für stressige Tage

Für 1 Glas
- Zubereitungszeit: ca. 15 Min.
- ca. 170 kcal
- ca. 110 mg Magnesium

2 Orangen
1/2 Papaya (ca. 200 g)
1 TL Sahne
7–9 Blättchen Pfefferminze
10 Eiswürfel
1 Zweig Pfefferminze zum Dekorieren

1. Die Orangen halbieren und auspressen. Die Kerne der Papaya mit einem Löffel herauskratzen und die Frucht schälen. Das Fruchtfleisch in große Würfel schneiden.

2. Die Papaya mit dem Orangensaft und der Sahne pürieren.

3. Die Pfefferminzblättchen fein hacken und in den Drink mischen.

4. Die Eiswürfel zerkleinern, das Eis in ein Glas geben, den Saft darüber gießen und den Pfefferminzzweig hineinstecken.

Papaya

Die Papaya kommt aus den Tropen zu uns und bringt viel Geschmack und Powerstoffe mit, wie z. B. Magnesium. Die Früchte sollten reif sein, sonst fehlt ihnen die Süße und sie schmecken etwas fade. Ein Prüfkriterium: Ist die Schale gelb, ist die Frucht reif.

31

Maracuja-Karotten-Cocktail

Sonniger Drink für stressige Tage

1 Papaya (ca. 400 g) • 400 ml Karottensaft
4 Maracujas (Passionsfrüchte)
2 EL Weizenkeime

1. Die Papaya halbieren und die Kerne mit einem Löffel herauskratzen. Die Frucht schälen und das Fruchtfleisch in große Stücke schneiden. Die Papaya mit dem Karottensaft pürieren.

2. Die Maracujas halbieren und das Fruchtfleisch durch ein Haarsieb streichen, damit die Kerne zurückbleiben.

3. Den Maracujasaft und die Weizenkeime zu der Papaya-Karotten-Mischung geben.

4. Alles noch einmal mixen und den Cocktail in ein Glas füllen.

Maracuja

Die Passionsfrucht, wie die Maracuja auch heißt, macht rein äußerlich keinen besonders Appetit erregenden Eindruck. Doch hinter der harten Schale verbirgt sich ein erfrischendes, süß-säuerliches, mit Kernen durchsetztes Fruchtfleisch. Die Kerne kann man essen, in einem Drink stören sie eher. Maracujas enthalten Magnesium und Niacin, ein Vitamin, das u. a. die Reizübertragung im Gehirn beeinflusst.

Pürierstab/Mixer ✔
Zitronenpresse
Entsafter
Haarsieb ✔
Gefrierfach

Für 2 Gläser
● Zubereitungszeit: ca. 15 Min.
● ca. 170 kcal je Glas
● ca. 120 mg Magnesium je Glas

Kiwi-Bananen-Drink

Energiepause für Gehirnjogger

2 Kiwis

1 Banane

1 Grapefruit mit rosa Fruchtfleisch

1 TL Nussmus • 100 ml Apfelsaft

einige Eiswürfel •

2 Blättchen Pfefferminze zum Garnieren

1. Die Kiwis halbieren, 2 Scheiben abschneiden und zum Garnieren beiseite legen.

2. Das restliche Kiwifleisch und die Banane schälen. Beides in Stücke schneiden.

3. Die Grapefruit halbieren und die Hälften mit einer Zitronenpresse auspressen.

4. Die Kiwis und die Bananen mit dem Grapefruitsaft pürieren. Das Nussmus darunter mixen. Den Apfelsaft dazugeben und alles noch einmal kurz mixen.

5. In 2 Gläser jeweils einige Eiswürfel geben und den Drink darüber gießen. Die Kiwischeibe am Rand in das Glas geben und die Getränke jeweils noch mit 1 Blättchen Pfefferminze garnieren.

Kiwi

Kiwis eignen sich gut zum Mixen mit anderen Säften. Mit Milchprodukten vertragen sich die rohen Kiwis allerdings überhaupt nicht, denn sie machen sie bitter. Auch Gelatine wird zusammen mit roher Kiwi nicht fest. Ursache ist ein Enzym, das Eiweiß spaltet. Wird die Kiwi allerdings erhitzt, verliert das Enzym diese Wirkung.

Pürierstab/ Mixer ✔

Zitronen- presse ✔

Entsafter

Haarsieb

Gefrierfach ✔

Für 2 Gläser

● Zubereitungszeit: ca. 15 Min.

● ca. 190 kcal je Glas

● ca. 80 mg Vitamin C je Glas

Birnendrink mit Nuss

Pikanter, süß-herber Powermix

3 feste Birnen (ca. 300 g) • 250 g Knollensellerie •
1/2 unbehandelte Zitrone

1 TL Nussmus

1 Stängel Selleriegrün zum Garnieren

1. Die Birnen waschen und trockenreiben. Den Knollensellerie mit einer Bürste in Wasser gründlich säubern. Die Zitronenhälfte auspressen.

2. Die Birnen und den Sellerie in Stücke schneiden und im Entsafter entsaften.

3. Den Birnen-Sellerie-Saft und den Zitronensaft mischen und das Nussmus mit einem Schneebesen darunter schlagen.

4. Den Drink in Gläser füllen und das Selleriegrün in den Drink stecken.

Tipps

Statt Knollensellerie können Sie auch Bleichsellerie verwenden.

Nüsse liefern viele lebensnotwendige Fettsäuren und Lecithin, Ausgangspunkt für die Produktion eines Botenstoffs im Gehirn. Doch Vorsicht vor großen Mengen, denn diese bedeuten auch viel Fett und damit ein großes Plus auf dem Kalorienkonto!

Pürierstab /
Mixer

Zitronen-
presse ✔

Entsafter ✔

Haarsieb

Gefrierfach

Für 1 Glas

● Zubereitungszeit:
  ca. 15 Min.
● ca. 190 kcal
● ca. 2,9 mg
  Vitamin E

Pürierstab/
Mixer

**Zitronen-
presse** ✔

Entsafter ✔

Haarsieb

Gefrierfach

Fenchel-Orangen-Drink

Mit vielen Vitalstoffen

Für 2 Gläser

● Zubereitungszeit:
   ca. 15 Min.
● ca. 140 kcal je
   Glas
● ca. 990 mg
   Kalium je Glas

1 großer Fenchel (ca. 300 g) •
1 kleiner Apfel (ca. 100 g) • 2 Orangen
2 TL Sahne
2 Zweige Fenchelgrün zum Garnieren

1. Den Fenchel und den Apfel waschen und trockenreiben. Die Orangen halbieren und auspressen.

2. Den Fenchel und den Apfel in gleichgroße Stücke scheiden und zusammen im Entsafter entsaften.

3. Den Fenchel-Apfel-Saft und den Orangensaft mischen. Die Sahne darunter rühren und den Drink in die Gläser füllen.

4. Das Fenchelgrün waschen und trockentupfen. Die Drinks mit den Spitzen der Fenchelgrün-Zweige garnieren.

Tipps

Fenchel hat ein ausgeprägtes Aroma. Dafür sind Stoffe verantwortlich, die auch gesundheitsfördernde Wirkungen haben. Fenchel regt z. B. die Verdauung an.

Anstelle des Fenchels können Sie Karotten oder Kohlrabi nehmen. Auch Salatgurke passt sehr gut, allerdings reichen dann 200 g aus.

oben:
Ananas-
Erdbeer-Drink
unten:
Ananas-Bananen-
Shake mit Ingwer

Ananas-Erdbeer-Drink
Fruchtiger Energy-Vitamin-Break

**Pürierstab/
Mixer** ✔

**Zitronen-
presse**

Entsafter

Haarsieb

Gefrierfach ✔

Für 2 Gläser
- Zubereitungszeit:
  ca. 10 Min.
- ca. 220 kcal je
  Glas
- ca. 100 mg
  Vitamin C je Glas

200 g Erdbeeren
1 große Banane (ca. 200 g)
400 ml Ananassaft
8–12 Eiswürfel

1. Die Erdbeeren kurz mit kaltem Wasser abspülen, eine schöne große Erdbeere beiseite legen. Bei den restlichen Erdbeeren die Stielansätze herauszupfen.

2. Anschließend die Banane schälen und in große Stücke schneiden.

3. Erdbeeren und Banane pürieren. Den Saft langsam dazugießen und alles gut mixen.

4. Die Eiswürfel in die Gläser geben und den Drink darüber gießen.

5. Die zurückgelegte Erdbeere vierteln. Je ein Erdbeerviertel auf die Drinks geben.

Variation

Wer mag, mixt statt der Banane eine Kugel Vanille- oder Erdbeereis unter den Drink. Fertig ist ein zartschmelzender, cremig-fruchtiger Eisshake, der das Nachmittagstief vertreibt.

Ananas-Bananen-Shake mit Ingwer
Pausendrink gegen das Leistungstief

**Pürierstab/
Mixer**

**Zitronen-
presse**

Entsafter ✔

Haarsieb

Gefrierfach

Für 2 Gläser
- Zubereitungszeit:
  ca. 15 Min.
- ca. 180 kcal je
  Glas
- ca. 590 mg
  Kalium je Glas

500 g Ananas • 1 Stück frische Ingwerwurzel (etwa 4 cm lang) • 1 kleiner Apfel (ca. 100 g)
1 kleine Banane
2 Stückchen Birne zum Garnieren

1. Die Ananas, die Ingwerwurzel und den Apfel waschen und trockenreiben. Die Ananas schälen.

2. Ananas, Ingwer und Apfel in Stücke schneiden. Dabei 4 Ananasstücke für die Dekospieße beiseite legen. Die restlichen Ananasstücke, Ingwer und Apfel im Entsafter entsaften.

3. Die Banane schälen, in Stücke schneiden und mit dem Saft pürieren.

4. Den Saft in Gläser füllen. Je 2 Ananasstücke und 1 Birnenstück auf Spieße stecken und die Spieße in die Gläser stellen.

Ananas

Je reifer die Ananas, desto süßer ist sie und desto besser schmeckt der Drink. Riechen Sie an der Frucht: Ist sie reif, verströmt sie ihr Aroma.

Rohe Ananas enthält neben Mineralstoffen und Fruchtsäuren ein Enzym, das Eiweiß spaltet. Dieses Enzym unterstützt die Verdauung. Kommt die Ananas mit Milch in Berührung, wird die Milch bitter und flockt aus.

Melonen-Orangen-Mix

Energieschub in sonniger Farbe

Pürierstab/
Mixer ✓

Zitronen-
presse ✓

Entsafter

Haarsieb

Gefrierfach

Für 2 Gläser

● Zubereitungszeit:
  ca. 20 Min.
● ca. 140 kcal je
  Glas
● ca. 670 mg
  Kalium je Glas

2 Orangen

¼ Honigmelone mit gelborangenem Fruchtfleisch,
z. B. Charentaismelone (ca. 150 g Fruchtfleisch)

1 kleine Banane

1 Msp. Zimtpulver • 1 Prise geriebene Muskatnuss

1 schmale Spalte Charentaismelone zum Garnieren •
2 Blättchen Zitronenmelisse zum Garnieren

1. Die Orangen halbieren und auf einer Zitronenpresse auspressen.

2. Die Melone schälen, die Kerne entfernen und das Fruchtfleisch in große Stücke schneiden.

3. Die Banane schälen und ebenfalls in große Stücke schneiden.

4. Melonen- und Bananenfruchtfleisch mit dem Orangensaft pürieren.

5. Den Drink mit Zimtpulver und Muskatnuss abschmecken und in Gläser füllen.

6. Die Melonenspalte in dünne Scheiben schneiden. Je 2 Scheiben mit 1 Blättchen Melisse auf den Glasrand legen.

Variation

Wenn Sie es pikant mögen, dann probieren Sie eine weniger süße Melonensorte, wie z. B. die Galiamelone, und schmecken den Drink mit Senf und Muskatnuss ab.

Charentaismelone

Die Charentaismelone, die kleine französische Honigmelone mit der glatten Haut, hat orangegelbes, ausgesprochen süßes und aromatisches Fruchtfleisch. Schnuppern Sie beim Einkauf: Wenn die Frucht stark duftet, ist die Melone reif.

Sie können die Charentaismelone auch durch eine andere Honigmelone ersetzen, nehmen Sie am besten eine Cantaloupemelone.

Pürierstab/ Mixer ✔

Zitronen- presse ✔

Entsafter

Haarsieb ✔

Gefrierfach

Grapefruit-Mango-Mix

Mit voller Kraft voraus

2 Grapefruits mit rosa Fruchtfleisch
1 Mango (ca. 370 g)
2 Kiwis
4 EL Haferflocken (Instant)
Haferkleie nach Belieben

1. Die Grapefruits halbieren und mimt einer Zitronenpresse auspressen.

2. Das Fruchtfleisch der Mango von beiden Seiten des Kerns schneiden. Das restliche Fruchtfleisch ebenfalls abschneiden. Das gesamte Fruchtfleisch schälen und in Stücke schneiden.

3. Die Mango mit dem Grapefruitsaft pürieren und das Püree durch ein Sieb streichen.

4. Die Kiwis halbieren, 1–2 Scheiben für die Dekoration abschneiden und beiseite legen. Die restlichen Kiwis schälen und in Stücke schneiden.

5. Die Kiwistücke mit dem Grapefruit-Mango-Saft pürieren. Zum Schluss die Haferflocken unterrühren.

6. Den Saft in Gläser füllen und diese mit den Kiwischeiben verzieren oder nach Belieben den Drink mit Haferkleie garnieren.

Mango

Die Mango gibt Drinks ein unvergleichlich exotisches Aroma – vorausgesetzt, sie ist ganz reif. Deshalb sollten sich die Früchte auf allen Seiten leicht eindrücken lassen. Harte Früchte müssen noch ein paar Tage liegen.

Das Fruchtfleisch der Mango ist von mehr oder weniger Fasern durchzogen, die im Drink etwas stören können. Deshalb wird das Püree durch ein Sieb gestrichen.

Für 2 Gläser
● Zubereitungszeit: ca. 15 Min.
● ca. 260 kcal je Glas
● ca. 130 mg Vitamin C je Glas

Grapefruit-Melissen-Drink

Loslassen und neue Kraft tanken

3 Zweige Zitronenmelisse

1 Grapefruit mit rosa Fruchtfleisch

2 Orangen • 1 Banane

1. Die Zitronenmelisse waschen, trocken-tupfen, 1 Zweig für die Garnierung beiseite legen und von den restlichen Zweigen die Blättchen von den Stielen zupfen und sehr fein hacken.

2. Die Grapefruit halbieren und auspressen, den Saft und die Melisse mischen.

3. Die Orangen halbieren und auspressen. Die Banane schälen und mit dem Orangensaft pürieren.

4. Den Grapefruit-Melissen-Saft dazugeben und alles noch einmal kurz pürieren.

5. Den Drink in ein Glas füllen und den Zitronenmelissenzweig hineinstecken.

Tipps

Für diesen Cocktail ist ein Mixer sehr praktisch. Sie können dann die Kräuterblättchen zusammen mit dem Grapefruitsaft zerhacken, die Bananen darin pürieren und zum Schluss den Orangensaft dazugeben.

Statt mit Zitronenmelisse kann man den Drink auch mit Pfefferminze mixen, allerdings dann nur etwa 10 Blättchen nehmen, sonst dominiert der Minzgeschmack zu sehr.

Pürierstab/ Mixer ✔

Zitronen-presse ✔

Entsafter

Haarsieb

Gefrierfach

Für 2 Gläser

● Zubereitungszeit: ca. 15 Min.

● ca. 160 kcal je Glas

● ca. 80 mg Vitamin C je Glas

Pürierstab/
Mixer ✔

Zitronen-
presse

Entsafter

Haarsieb

Gefrierfach

Heidelbeer-Soja-Shake

Durch Sojamilch ganz cremig

Für 1 Glas
- Zubereitungszeit:
  ca. 10 Min.
- ca. 310 kcal
- ca. 1180 mg
  Kalium

50 g Heidelbeeren

1 große Pflaume (ca. 80 g)

1 TL Honig · 150 ml Sojamilch

1 Spritzer Zitronensaft

1 Zweig Minze zum Garnieren

1. Die Heidelbeeren verlesen und kurz unter kaltem Wasser abspülen. 3 besonders schöne große Heidelbeeren beiseite legen.

2. Die Pflaume waschen, trockentupfen, halbieren und entkernen. Das Fruchtfleisch klein schneiden.

3. Beeren und Pflaume mit dem Honig und etwas Sojamilch pürieren. Die restliche Sojamilch dazugeben und den Drink gut mixen.

4. Den Drink mit Zitronensaft abschmecken und in ein Glas füllen.

5. Die Minze waschen und trockentupfen. Die restlichen Heidelbeeren auf einen Spieß stecken und diesen über den Rand des Glases legen. Dazwischen die Spitze eines Minzezweiges stecken. Den Drink sofort servieren.

Tipps

Ein Milchshake zum Genießen, aber ohne Milch – und damit eine Alternative für alle, die keine Kuhmilch vertragen. Was das Kalzium betrifft, so bleibt Sojamilch allerdings weit hinter Kuhmilch zurück.

Achtung: Die Sojamilch in diesem Drink nicht gegen Kuhmilch austauschen. Die Gerbsäure der Heidelbeeren macht Kuhmilch binnen weniger Minuten dick und bitter.

Birnen-Zitrus-Schorle
Auftanken und erfrischen

Pürierstab/ Mixer
Zitronen- presse ✔
Entsafter
Haarsieb
Gefrierfach ✔

Für 2 Gläser
- Zubereitungszeit: ca. 10 Min.
- ca. 150 kcal je Glas
- ca. 310 mg Kalium je Glas

1 Grapefruit mit gelbem Fruchtfleisch • 1 Limette
200 ml Birnensaft • 100 ml Apfelsaft
Mineralwasser • 4 Eiswürfel
2 Zweige Minze

1. Die Grapefruit und die Limette halbieren und mit einer Zitronenpresse auspressen.
2. Grapefruitsaft, Limettensaft, Birnensaft und Apfelsaft vermischen.
3. Den Saftmix auf 2 Gläser verteilen, mit Mineralwasser auffüllen und in jedes Glas 2 Eiswürfel geben.

4. Die Minzeblättchen mehrmals knicken, sodass das ätherische Öl besser austreten kann. Die Minzezweige in die Gläser stecken.

Tipp
Wenn Sie den Birnen- und den Apfelsaft selbst pressen möchten, benötigen Sie etwa 2 Birnen und 1 Apfel.

Buttermilchshake Banana
Treibstoff für Nerven und Muskeln

Pürierstab/ Mixer
Zitronen- presse
Entsafter
Haarsieb
Gefrierfach

Für 2 Gläser
- Zubereitungszeit: ca. 5 Min.
- ca. 120 kcal je Glas
- ca. 100 mg Kalzium je Glas

1 kleine Banane
125 ml Karottensaft • 125 ml Apfelsaft •
125 ml Buttermilch

1. Zuerst die Banane schälen und in Stücke schneiden.
2. Die Banane mit den Säften und der Buttermilch gut mixen. Den Shake in 2 Gläser füllen.

Tipps
Sport oder Schreibtischarbeit – manchmal ist voller Einsatz gefordert. Und hinterher? Ein Drink, am besten auf Bananenbasis. Denn da stecken viel Kalium, Magnesium, Vitamin B$_6$ und leicht verdauliche Kohlenhydrate drin.

Karotten- und Apfelsaft können auch selbst gepresst werden. Sie brauchen dann 200–250 g Obst bzw. Gemüse.

Exotic Schorle

Erfrischender Fitnessdrink

2 Maracujas (Passionsfrüchte)
1 Pfirsich • 50 ml Birnensaft
Mineralwasser
1 Birnenspalte

1. Die Maracujas halbieren, das Fruchtfleisch mit einem Löffel aus den Hälften lösen und durch ein Haarsieb streichen.

2. Den Pfirsich schälen und mit dem Birnensaft pürieren. Den Maracujasaft dazugeben.

3. Den Saftmix in ein Glas geben und mit Mineralwasser auffüllen.

4. Die Birnenspalte in dünne Scheiben schneiden. Anschließend die Scheiben auf 2 Spieße stecken und die Birnenspieße in die Schorle stellen.

Tipp

Drinks mit viel Wasser sind ideale Durstlöscher und füllen das Flüssigkeitsdepot nach dem Sport wieder auf. Sportler mischen Fruchtsäfte und Mineralwasser je nach Bedarf in unterschiedlichem Verhältnis. Für Drinks, die Sie beim Sport zu sich nehmen, kann der Saftanteil zugunsten des Wassers auf bis zu einem Fünftel sinken. Für die meisten Ausdauersportarten ist das Mischungsverhältnis 3:1 (3 Teile Wasser, 1 Teil Saft) ideal.

**Pürierstab/
Mixer** ✔

**Zitronen-
presse**

Entsafter

Haarsieb ✔

Gefrierfach

Für 2 Gläser

● Zubereitungszeit: ca. 15 Min.
● ca. 120 kcal je Glas
● ca. 490 mg Kalium je Glas

Icetea Ananas-Maracuja

Cooler Drink mit Frucht-Vitaminen

Pürierstab/
Mixer ✔

Zitronen-
presse

Entsafter ✔

Haarsieb ✔

Gefrierfach ✔

Für 2 Gläser
- Zubereitungszeit: ca. 30 Min.
- ca. 130 kcal je Glas
- ca. 350 mg Kalium je Glas

2 EL loser Früchtetee, nicht aromatisiert

250 g Ananas

1 Maracuja

2 EL Erdbeersaft (Muttersaft) oder 5 Erdbeeren

10–15 Eiswürfel

2 dünne Scheiben Ananas zum Garnieren

1. Etwa ¼ l Wasser zum Kochen bringen und den Früchtetee damit überbrühen. Den Tee 10 Minuten ziehen lassen und abgießen.

2. Die Ananas schälen, in Stücke schneiden und im Entsafter entsaften.

3. Die Maracuja halbieren, das Fruchtfleisch mit den Kernen herausnehmen und durch ein feines Sieb streichen.

4. Die Erdbeeren – falls verwendet – pürieren. Den Ananassaft, den Maracujasaft und den Erdbeersaft mischen.

5. Das Eis zerkleinern und in die Gläser füllen. Zuerst den Tee, dann den Saftmix darüber gießen.

6. Die Ananasscheiben dritteln und je 3 Stücke auf einen Holzspieß stecken. Den Holzspieß in den Icetea geben.

Tipp

Iceteas sind trendy und die Top-Stars der Erfrischungsgetränke. Dies ist kein Wunder, denn sie sind sehr leicht und meist fruchtig aromatisiert. Hier eine Variante mit Früchtetee, die ohne Koffein, dafür aber mit frischen Früchten für viel Power sorgt.

Grüner Pfirsich

Erfrischt müde Geister

Pürierstab/ Mixer ✔	
Zitronen- presse ✔	
Entsafter	
Haarsieb	
Gefrierfach ✔	

Für 1 Glas

- Zubereitungszeit: ca. 15 Min.
- ca. 160 kcal
- ca. 400 mg Kalium

1 Limette • 1 Pfirsich
1 Beutel grüner Tee oder ca. 1 TL loser grüner Tee
1–2 TL Honig
10 Eiswürfel

1. Etwa ⅛ l Wasser zum Kochen bringen und danach etwa 5 Minuten abkühlen lassen.

2. Inzwischen die Limette auspressen. Den Pfirsich schälen, halbieren und den Kern entfernen.

3. Den Tee ins Wasser geben, etwa 2 Minuten ziehen lassen und dann absieben.

4. Den Pfirsich in Stücke schneiden und mit dem Honig und dem Limettensaft pürieren.

5. Die Eiswürfel in ein großes Glas geben, den heißen Tee darüber gießen und das Pfirsichpüree dazugeben. Alles kurz verrühren und servieren.

Tee

Grüner Tee unterscheidet sich vom schwarzen Tee nicht nur durch die Farbe, sondern auch durch den etwas herberen Geschmack. Beide wirken etwa gleich anregend und beiden wird eine gewisse Schutzwirkung gegen Krebs und Herz-Kreislauf-Erkrankungen zugesprochen. Auch die Zähne profitieren vom Tee, denn er enthält relativ viel Fluoride.

Variation

Für Kinder tauschen Sie den grünen Tee gegen Früchtetee oder Rotbuschtee aus. So wird der Drink koffeinfrei.

Icetea Kiwi-Apfel

Muntermacher mit Vitaminen

Pürierstab/
Mixer ✔

Zitronen-
presse

Entsafter

Haarsieb

Gefrierfach ✔

50 ml Ananassaft

1 TL loser grüner Tee oder 1 Beutel grüner Tee

1–2 TL Honig oder Ahornsirup

1 Kiwi • 50 ml Apfelsaft

1 Apfelspalte zum Garnieren •

2 Stückchen Ananas zum Garnieren

1. Den Ananassaft in einen Eisbehälter geben, die einzelnen Kammern aber nur etwa 1 cm hoch füllen. Den Saft gefrieren lassen.

2. Etwa 1/8 l Wasser zum Kochen bringen und 5 Minuten abkühlen lassen. Erst dann den Tee aufgießen und ihn etwa 2 Minuten ziehen lassen.

3. Den Tee abgießen und mit dem Honig oder dem Ahornsirup verrühren. Den Tee erkalten lassen.

4. Die Kiwi schälen und in Stücke schneiden. 2 Kiwistücke beiseite legen und die restliche Kiwi mit dem Apfelsaft pürieren.

5. Die Ananas-Eiswürfel in ein Glas geben und den Tee darüber gießen. Das Kiwipüree dazugeben und mit dem Tee verrühren.

6. Die Apfelspalte halbieren. Die Ananas-, Kiwi- und Apfelstückchen abwechselnd auf einen Spieß stecken. Diesen über den Glasrand legen.

Variationen

Das Angebot an Eisbehältern in verschiedenen Formen ist groß und bringt Abwechslung ins Würfeleinerlei.

Wer Bowlen mag, püriert nur die Hälfte der Kiwi und gibt die andere Hälfte in kleine Stücke geschnitten dazu.

Statt des Apfelsaftes schmeckt auch Birnensaft sehr gut.

Für 1 Glas

● Zubereitungszeit:
  ca. 15 Min.
● Gefrierzeit:
  ca. 1 Std.
● ca. 140 kcal
● ca. 60 mg
  Vitamin C

Pürierstab/ Mixer	
Zitronen- presse ✔	
Entsafter	
Haarsieb ✔	
Gefrierfach ✔	

Grüntee-Sangria

Belebender Drink für heiße Tage

Für 2 Gläser

- Zubereitungszeit: ca. 15 Min
- Marinierzeit: ca. 30 Min
- Gefrierzeit: ca. 1 Std.
- ca. 140 kcal je Glas
- ca. 360 mg Kalium je Glas

100 ml weißer Traubensaft
1 Beutel grüner Tee oder 1 TL loser grüner Tee •
1 Zweig Pfefferminze
1 unbehandelte Zitrone
1–2 TL Honig
1 kleiner Apfel (ca. 100 g) • 100 g kernlose Trauben
2 Zweige Pfefferminze zum Dekorieren

1. Den Traubensaft in einen Eiswürfel-behälter geben, die Kammern nur knapp 1 cm hoch füllen. Den Saft gefrieren lassen.

2. Etwa 300 ml Wasser zum Kochen bringen und etwa 5 Minuten abkühlen lassen.

3. Den Tee und den Pfefferminzzweig in das heiße Wasser geben und etwa 5 Minuten ziehen lassen. Den Tee absieben.

4. Die Zitrone waschen, trockenreiben und die Schale spiralförmig von der Zitrone abschneiden. Die Schale teilen und für die Dekoration beiseite legen.

5. Die Zitrone halbieren und den Saft aus-pressen. Den Zitronensaft und den Honig verrühren.

6. Den Apfel und die Trauben waschen und trockenreiben bzw. trockentupfen.

7. Den Apfel halbieren und das Kernge-häuse herausschneiden. Das Fruchtfleisch in sehr kleine Würfel schneiden. Die Trauben halbieren. Die Früchte und den gesüßten Zitronensaft mischen. Die Früchte etwa 30 Minuten ziehen lassen.

8. Den Tee auf 2 Gläser verteilen, die Früchte dazugeben. Die Safteiswürfel in den Tee geben.

9. Die Zitronenschale an den Rand des Glases hängen und mit einem Zweig Minze dekorieren. Die Sangria mit langen Barlöffeln servieren.

Variationen

Zusätzliche Farbtupfer erhält die Sangria, wenn Sie einige Himbeeren dazugeben. Einen exotischen Touch erhält sie durch Granatapfelkerne.

Pürierstab/
Mixer

Zitronen-
presse

Entsafter

Haarsieb ✔

Gefrierfach

Früchtepunsch
leichter Pausendrink mit Vitamin C

Für 1 Glas
- Zubereitungszeit:
  ca. 15 Min.
- ca. 120 kcal
- ca. 130 mg
  Vitamin C

2 EL loser Früchtetee

50 ml Apfelsaft • 50 ml Erdbeersaft (Muttersaft) •
1 EL Acerolasaft

Honig nach Belieben

1. Etwa 180 ml Wasser zum Kochen bringen und den Früchtetee damit überbrühen. Den Tee etwa 10 Minuten ziehen lassen, dann absieben.

2. Apfel- und Erdbeersaft leicht erwärmen. Apfel-, Erdbeer- und Acerolasaft zum Früchtetee geben und alles gut verrühren.

3. Den Punsch nach Belieben mit dem Honig süßen. Ein Glas heiß ausspülen und den Punsch hineinfüllen.

Tipps

Nehmen Sie eine Früchteteemischung, die nicht aromatisiert ist oder reinen Hagebuttentee. Der Geschmack der Fruchtsäfte und das Teearoma könnten sonst nicht zueinander passen.

Säfte, mit Tee verdünnt, sind gute Durstlöscher und eine Alternative zur Schorle mit Mineralwasser. Im Winter können Sie die Teemischungen auch erwärmen.

Statt des Erdbeersafts können Sie auch Kirsch- oder Holundersaft nehmen.

Mögen Sie Vanille? Dann halbieren Sie eine kleine Schote, streichen das Mark heraus und geben Schote und Mark zum Tee.

Trauben-Apfel-Drink
Erfrischend und anregend

Pürierstab/
Mixer
Zitronen-
presse
Entsafter ✓
Haarsieb
Gefrierfach

Für 1 Glas
- Zubereitungszeit: ca. 10 Min.
- ca. 240 kcal
- ca. 60 mg Vitamin C

200 g weiße Trauben • 1 Apfel (ca. 200 g)
1 Stück frische Ingwerwurzel (ca. 1 cm lang)
1 TL Acerolasaft
1 EL Sahne

1. Die Trauben waschen und die Beeren von den Stielen zupfen. Den Apfel waschen und trockenreiben. Nun den Apfel in Stücke schneiden. 2 Weintrauben und 1 Stück Apfel beiseite legen.

2. Den Ingwer abspülen, trockentupfen und in schmale Scheiben schneiden.

3. Die Trauben im Entsafter entsaften und sofort mit dem Acerolasaft mischen.

4. Den Apfel und den Ingwer entsaften und alle Säfte mischen.

5. Die Sahne darunter quirlen und den Drink in ein Glas füllen. Die zurückgelegten Weintrauben halbieren und mit dem Apfelstück auf einen Spieß stecken. Den Obstspieß quer über den Glasrand legen.

Tipp
Sie können für diesen Drink auch auf fertige Säfte zurückgreifen und benötigen dann je 125 ml weißen Trauben- und Apfelsaft.

Guave-Frucht-Mix
Bringt das Abwehrsystem in Schwung

Pürierstab/
Mixer ✓
Zitronen-
presse
Entsafter
Haarsieb ✓
Gefrierfach ✓

Für 2 Gläser
- Zubereitungszeit: ca. 20 Min.
- ca. 70 kcal je Glas
- ca. 200 mg Vitamin C je Glas

1 Guave • 1/4 Papaya (ca. 100 g)
75 ml Grapefruitsaft
125 ml Apfelsaft
10–15 Eiswürfel

1. Die Guave schälen und in große Stücke schneiden. Die Papaya entkernen, schälen und ebenfalls in Stücke schneiden.

2. Guave und Papaya mit dem Grapefruitsaft pürieren. Alles durch ein Sieb streichen, damit die Kerne zurückbleiben.

3. Den Guave-Papaya-Grapefruit-Saft und den Apfelsaft mischen.

4. Die Eiswürfel zerkleinern. Das Eis in Gläser füllen und den Saft darüber geben.

Guaven
Guaven schmecken süßlich und säuerlich zugleich, nach Sonne, Tropen und Urlaub. Die gelblich grünen, rundlichen Früchte sind von außen eher unscheinbar, strotzen aber vor Vitamin C. Die Schale sollte bei Druck leicht nachgeben. Harte Früchte sind nicht reif.

Mango-Ananas-Cocktail

Vitamine für das Immunsystem

½ Mango (ca. 200 g Fruchtfleisch) •

100 g Aprikosen

2 TL Acerolasaft

1 unbehandelte Zitrone

10–15 Eiswürfel • 400 ml Ananassaft

1. Die Mangohälfte schälen und den Kern entfernen. Das Fruchtfleisch in grobe Würfel schneiden. Die Aprikosen waschen, halbieren und entkernen.

2. Mangofruchtfleisch und Aprikosen mit dem Acerolasaft pürieren.

3. Die Zitrone waschen, halbieren, 4 Scheiben für die Garnierung abschneiden und beiseite legen. 1 Spritzer Zitronensaft zum Mixdrink geben und den Drink durchrühren.

4. Die Eiswürfel in die Gläser füllen. Die Saftmischung darüber geben und mit dem Ananassaft auffüllen.

5. Je 2 Zitronenscheiben auf einen Holzspieß stechen und den Spieß quer über den Glasrand legen.

Tipps

Ihr Immunsystem benötigt Vitamin C und das stammt in diesem Drink vor allem aus dem Ananas- und dem Acerolasaft. Die Carotinoide aus Mango und Aprikosen stärken ebenfalls Ihre Abwehr, da sie die Körperzellen vor schädlichen Radikalen schützen können.

Pürierstab/ Mixer

Zitronenpresse

Entsafter

Haarsieb

Gefrierfach ✔

Für 2 Gläser
- Zubereitungszeit: ca. 15 Min.
- ca. 220 kcal je Glas
- ca. 120 mg Vitamin C je Glas

Pürierstab/
Mixer ✔

Zitronen-
presse

Entsafter

Haarsieb

Gefrierfach ✔

Himbeer-Heidelbeer-Drink

Viel pflanzliches Eisen

60 g Himbeeren • 50 g Heidelbeeren

1 EL schwarzer Johannisbeersaft (Muttersaft) •
100 ml roter Traubensaft

10–15 Eiswürfel

einige Blättchen Melisse

Für 1 Glas
● Zubereitungszeit:
  ca. 15 Min.
● ca. 120 kcal
● ca. 1,5 mg Eisen

1. Die Beeren verlesen und kurz unter kaltem Wasser abspülen. Einige schöne Himbeeren beiseite legen.

2. Die Beeren mit dem Johannisbeersaft pürieren. Den Traubensaft dazugeben und alles noch einmal mixen.

3. Die Eiswürfel zerkleinern und das Eis in ein Glas füllen – es sollte etwa zu einem Drittel gefüllt sein. Den Saft darüber gießen.

4. Die beiseite gelegten Himbeeren und die Melisseblättchen abwechselnd auf einen Holzspieß stecken und den Beerenspieß ins Glas stellen.

Heidelbeeren

Genießen Sie die kurze Beerensaison, denn die kleinen Früchte haben es in sich. Der Cocktail aus Frucht- und Gerbsäuren, Mineralstoffen wie Kalium oder Eisen und etwas Ballaststoffen tut Gesundheit und Verdauung gut. Heidelbeeren sind darüber hinaus ein altes Hausmittel gegen Durchfall.

Popeye's Favourite

Mineralien- und Vitamincocktail fürs Wohlbefinden

Pürierstab/Mixer

Zitronen-presse ✔

Entsafter ✔

Haarsieb

Gefrierfach

Für 1 Glas

- Zubereitungszeit: ca. 10 Min.
- ca. 140 kcal
- ca. 170 mg Vitamin C

50 g Blattspinat • 150 g Fenchel • 250 g Apfel (eine milde Sorte, z. B. Cox Orange oder Golden Delicious)

$^1/_2$ Zitrone

1 Tropfen Öl • Mineralwasser

1 Zweig Fenchelgrün

1. Den Blattspinat, den Fenchel und den Apfel waschen. Den Spinat trockenschleudern, Fenchel und Apfel trockenreiben.

2. Die Zitrone auspressen. Den Fenchel in große Stücke schneiden. Für die Garnierung eine Spalte vom Apfel schneiden und anschließend den restlichen Apfel in große Stücke schneiden.

3. Den Blattspinat fest zusammenrollen und mit dem Fenchel und dem Apfel im Entsafter entsaften.

4. Den Gemüsesaft, den Zitronensaft und das Öl verrühren. Den Drink in ein Glas füllen und nach Belieben mit Mineralwasser auffüllen.

5. In die Apfelspalte einen Schlitz schneiden und die Apfelspalte auf den Glasrand stecken. Den Drink mit dem Fenchelgrün garnieren.

Spinat

Spinat galt jahrelang als der Eisenlieferant unter den Gemüsen. Ein simpler Tippfehler beim Eisenwert war schuld daran. Heute ist der Wert korrigiert und andere Vorzüge des Spinats rücken in den Blickpunkt. So liefert er viel Folsäure (wichtig z. B. für die Blutbildung, für das Zellwachstum oder für gesunde Nerven), Vitamin C (für das Immunsystem) und die Schutzstoffe Carotinoide.

Pürierstab/ Mixer

Zitronenpresse

Entsafter ✓

Haarsieb

Gefrierfach

Rote-Bete-Drink mit Ananas

Viel Folsäure für die Blutbilcung

1/8 kleine Ananas (ca. 125 g)	
250 g Rote Beten	
1/4 Bund glattblättrige Petersilie	
1 EL Sanddorn, mit Honig gesüßt	

1. Die Ananas schälen und in Stücke schneiden. Einige schöne Ananasstücke für die Garnitur beiseite legen.

2. Die Roten Beten unter fließendem kaltem Wasser abbürsten und nach Belieben schälen. Die Knollen in Stücke schneiden.

3. Die Ananasstücke und die zerkleinerten Roten Beten im Entsafter entsaften.

4. Die Petersilie waschen und trockenschleudern. Bis auf ein schönes Blättchen Petersilie die Blättchen sehr fein hacken.

5. Die Petersilie mit dem Rote-Bete-Ananas-Saft mischen und den Sanddorn darunter rühren.

6. Den Drink in ein Glas füllen. Die Ananasstücke auf einen Holzspieß stecken. Den Ananasspieß in den Drink geben und diesen mit dem zurückgelegten Petersilienblatt garnieren.

Tipp

Petersilienblätter, aber auch Rote Beten, enthalten Folsäure. Diese brauchen wir z. B. zur Blutbildung, für starke Nerven oder für Haut und Schleimhäute. Schwangere müssen ganz besonders auf eine ausreichende Folsäureversorgung achten. Bei ihnen steigt der Folsäurebedarf stark an.

Für 1 Glas

- Zubereitungszeit: ca. 15 Min.
- ca. 160 kcal
- ca. 80 µg Folsäure

Gemüsecocktail

Antrieb für den Stoffwechsel

250 g Tomaten • 1 kleine rote Paprikaschote (80 g) • 20 g Blattpetersilie

100 g Knollensellerie • 1 Schalotte

1 Tropfen Öl

etwas Selleriegrün zum Garnieren

1. Die Tomaten, die Paprikaschote und die Petersilie waschen. Das Gemüse trockenreiben und die Petersilie trockentupfen.

2. Den Sellerie mit einer Bürste in kaltem Wasser gut säubern. Die Schalotte schälen.

3. Die Tomaten in Stücke schneiden, dabei den grünen Stielansatz herausschneiden.

4. Die Paprikaschote halbieren, das Kerngehäuse entfernen und das Fruchtfleisch in Stücke schneiden.

5. Den Sellerie ebenfalls in Stücke schneiden und die Schalotte halbieren.

6. Die Tomaten im Entsafter entsaften, dann die Petersilie fest zusammenrollen und ebenfalls entsaften. Anschießend Paprikaschoten, Sellerie und Schalotte entsaften.

7. Das Öl zum Saft geben, diesen gut durchrühren und in ein Glas gießen. Den Selleriezweig in das Glas stecken.

Tipps

Die scharfen, beißenden Stoffe in der Schalotte sind in vielerlei Hinsicht gesundheitsfördernd. Sie können z. B. der Entstehung von Krebs entgegenwirken. Zudem hemmen sie das Wachstum von Mikroorganismen wie Bakterien, Pilzen oder Viren.

Frisch gepresster Zwiebel- oder Schalottensaft dient nur als Würze, allein ist er viel zu scharf.

Pürierstab/ Mixer

Zitronen- presse

Entsafter ✔

Haarsieb

Gefrierfach

Für 1 Glas

● Zubereitungszeit: ca. 10 Min.
● ca. 90 kcal
● ca. 170 mg Vitamin C

Roter Sellerie

Vitalisierend und anregend

170 g rote Beten • 100 g Knollensellerie
1 Apfel (ca. 150 g) • 2 cm frische Ingwerwurzel
einige Spritzer Zitronensaft
1 Zweig Selleriegrün

1. Die Roten Beten und den Knollensellerie gründlich mit einer Bürste in Wasser säubern. Dann die Roten Beten nach Belieben schälen.

2. Den Apfel und die Ingwerwurzel waschen und trockenreiben.

3. Das Gemüse in große Stücke schneiden. Vom Apfel eine Spalte abschneiden, mit Zitronensaft beträufeln und beiseite legen. Den restlichen Apfel ebenfalls in große Stücke schneiden. Den Ingwer in Scheiben schneiden.

4. Das Gemüse, den Apfel und den Ingwer im Entsafter entsaften.

5. Den Drink in ein Glas füllen. In die Apfelspalte eine Kerbe schneiden. Die Apfelspalte auf den Rand des Glases drücken und den Selleriezweig über das Glas legen.

Ingwer

Ingwer hat es in sich: Die scharfen ätherischen Öle sorgen nicht nur für ein erfrischendes Geschmackserlebnis, sondern wirken auch bioaktiv. Ingwer gilt in Asien von jeher als Heilpflanze. Allgemein wirkt der Ingwer vitalisierend. Er regt z. B. die Durchblutung an, unterstützt die Verdauung und ist gut bei Erkältungskrankheiten.

Wenn Sie keinen frischen Ingwer bekommen, nehmen Sie etwas Meerrettich (frisch gepresst oder bereits gerieben aus dem Glas), scharfen Senf oder Senfpulver.

Pürierstab/
Mixer
Zitronen-
presse
Entsafter ✔
Haarsieb
Gefrierfach

Für 1 Glas
- Zubereitungszeit:
  ca. 10 Min.
- ca. 110 kcal
- ca. 50 µg
  Folsäure

Winter-ACE

Gesundheitsschutz von innen

Pürierstab /
Mixer ✔

Zitronen-
presse ✔

Entsafter

Haarsieb

Gefrierfach

Für 1 Glas

- Zubereitungszeit: ca. 10 Min.
- ca. 250 kcal
- ca. 230 mg Vitamin C

½ kleine Avocado • 250 ml Karottensaft
½ unbehandelte Zitrone
3 TL Sanddorn, mit Honig gesüßt •
1 Msp. scharfes Currypulver • 1 Msp. Salz
1–2 Blättchen Zitronenmelisse zum Garnieren

1. Die Avocado schälen, entkernen, in große Stücke schneiden und mit dem Karottensaft pürieren.

2. Von der Zitrone ein Stück für die Dekoration abschneiden und beiseite legen. Die restliche Hälfte auspressen.

3. Den Avocado-Karotten-Saft mit Zitronensaft und Sanddorn verrühren und mit Curry und Salz abschmecken.

4. Den Drink in ein Glas füllen, die Zitronenmelisse darauf geben und das Zitronenstück auf den Glasrand setzen.

ACE

Diese Buchstabenkombination hat Karriere gemacht. Ihr Erfolg kommt nicht von ungefähr, haben die Vitamine, die sich dahinter verbergen, doch so genannte antioxidative Eigenschaften. D. h., sie schützen vor schädlichen Einflüssen durch Sauerstoffradikale, die z. B. durch Luftverschmutzung, durch UV-Strahlen oder durch das Rauchen entstehen. Auch bei Herz-Kreislauf-Erkrankungen und Krebs werden den 3 Vitaminen vorbeugende Wirkungen zugeschrieben. A steht für Betacarotin (Provitamin A). In diesem Drink kommt es vor allem aus der Karotte. Das Vitamin C liefern Zitrone und Sanddornsaft und die Avocado sorgt für die nötige Portion an Vitamin E.

Pürierstab/
Mixer

**Zitronen-
presse ✔**

Entsafter

Haarsieb

Gefrierfach

Holunder-Trauben-Drink

Bei Erkältungswetter beliebt

Für 2 Tassen
- Zubereitungszeit:
  ca. 10 Min.
- ca. 130 kcal je
  Tasse
- ca. 1,5 mg
  Vitamin C je
  Tasse

1 unbehandelte Grapefruit mit rosa Fruchtfleisch
100 ml Holundersaft (Muttersaft) ·
200 ml Traubensaft

1. Die Grapefruit halbieren, eine Scheibe abschneiden und diese in Stücke schneiden. Die restliche Grapefruit auspressen.

2. Den Holundersaft, den Traubensaft und 100 ml Wasser erwärmen und die Flüssigkeit kurz ziehen lassen.

3. Die Säfte mischen. 2 Tassen mit heißem Wasser ausspülen und den Saft einfüllen. In jede Tasse 2 Grapefruitstücke geben.

Holunder

Holunder sollte im Haus sein, wenn die nasskalte Jahreszeit beginnt, denn er stärkt die Abwehrkräfte. Der warme Saft ist ein Hausmittel gegen Erkältungskrankheiten und Fieber. An heißen Sommertagen ist eher der Holunderblütensirup gefragt. Die Beeren dürfen Sie nicht roh essen, sie sind giftig. Deshalb werden sie mit dem Dampfentsafter entsaftet.

Etwa 2 EL Holunderblütensirup, einen Schuss Zitronensaft oder etwas Apfelessig mit Mineralwasser auffüllen: Fertig ist eine erfrischende, leichte Limonade mit dem wunderbaren Aroma der Blüten.

Orangenpunsch

Mit Vitamin C gegen Erkältungen

Pürierstab/
Mixer
Zitronen-
presse
Entsafter ✔
Haarsieb ✔
Gefrierfach

Für 1 Glas
- Zubereitungszeit:
  ca. 20 Min.
- ca. 160 kcal
- ca. 200 mg
  Vitamin C

1 Beutel Rotbuschtee oder 1 TL loser Rotbuschtee
2 Orangen
2 TL Acerolasaft • 1 TL Honig
4 Zimtstangen

1. Etwa 150 ml Wasser zum Kochen bringen. Den Tee damit überbrühen und etwa 5 Minuten ziehen lassen.

2. Die Orangen halbieren und 3 Hälften auspressen. Von der restlichen Hälfte die Schale und die weiße Innenhaut abschneiden. Die Filets aus den Trennhäuten schneiden.

3. Den Tee abgießen und mit dem Orangensaft und dem Acerolasaft mischen. Den Punsch mit Honig süßen.

4. Den Punsch in ein Glas füllen, die Zimtstangen hineinstellen und die Orangenfilets hinzugeben.

Rotbuschtee

Der Rotbuschtee heißt in seiner Heimat Südafrika „Rooibos" und wird auch hierzulande manchmal so genannt. Im Gegensatz zum schwarzen Tee enthält er kein Koffein – ist also auch für Kinder geeignet – und weniger Gerbstoffe, dafür aber eine Vielzahl an lebenswichtigen Mineralien.

Teepunsch mit Aprikosen

Wohltuend und belebend

**Pürierstab/
Mixer ✔**
Zitronen-
presse
Entsafter
Haarsieb ✔
Gefrierfach

Für 1 Glas
- Zubereitungszeit:
  ca. 30 Min.
- Quellzeit:
  ca. 2–3 Stunden
- ca. 140 kcal
- ca. 150 mg
  Vitamin C

2 getrocknete Aprikosen • 70 ml Apfelsaft
knapp 1/2 TL Yogitee
1 EL Sanddorn, mit Honig gesüßt
1 TL Honig nach Belieben

1. Die Aprikosen in sehr kleine Würfel schneiden, mit der Hälfte des Apfelsafts mischen und 2–3 Stunden quellen lassen.

2. Danach den Tee mit etwa 200 ml Wasser in einen kleinen Topf geben und bei geringer Hitzezufuhr etwa 10 Minuten ziehen lassen. Den Tee absieben und etwas abkühlen lassen.

3. Inzwischen die Aprikosen pürieren, dabei nach und nach den restlichen Apfelsaft dazugeben.

4. Den leicht abgekühlten Tee mit dem Sanddornsaft darunter mixen.

5. Den Punsch nach Belieben mit Honig süßen und in ein Glas füllen.

Yogitee

Yogitee ist anregend, wärmend und koffeinfrei. Grundlage des Tees sind Gewürze. Deren ätherische Öle fördern u. a. die Verdauung und besänftigen den Magen. Zur Gewürzmischung gehören u. a. Zimt, Ingwer, Kardamom, Nelken und Pfeffer.

Alphabetisches Rezeptverzeichnis

Rezeptverzeichnis nach Rubriken

Impressum

Im FALKEN Verlag sind zahlreiche Titel zum Thema „Essen und Trinken" erschienen.
Sie sind überall erhältlich, wo es Bücher gibt.

Sie finden uns im Internet: **www.falken.de**

Dieses Buch wurde auf chlorfrei gebleichtem und säurefreiem Papier gedruckt.

Der Text dieses Buches entspricht den Regeln der neuen deutschen Rechtschreibung.

Die Fotos sind auf Agfa RSX II 100 fotografiert. Der Fotograf dankt der Firma Agfa für die freundliche Unterstützung.

ISBN 3 8068 2607 2

© 2000 by FALKEN Verlag, 65527 Niedernhausen/Ts.

Umschlaggestaltung: Martina Eisele, München
Gestaltung: red.sign, Stuttgart
Redaktion: Marlein Auge, Düsseldorf und red.sign, Stuttgart
Koordination und Schlussredaktion: Elly Lämmlen, FALKEN Verlag und Marlein Auge, Düsseldorf
Bildbeschaffung: Dr. Ruth Leners
Herstellung: Petra Becker, FALKEN Verlag und red.sign, Stuttgart
Titelbild: Klaus Arras, Köln
Weitere Fotos auf dem Umschlag: Die Bilder auf der Umschlaginnenseite vorne wurden dem FALKEN Verlag freundlicherweise von der Autorin und vom Fotografen zur Verfügung gestellt. **K. Arras**, Köln: Umschlagklappe, hinten, innen, li. o., li. m., li.u. sowie re. o., re. m. und re. u.
Rezeptfotos: Klaus Arras, Köln
Weitere Fotos im Innenteil: Klaus Arras, Köln S. 8/9 / **FALKEN Archiv: M. Brauner:** S. 6 u. / **W. Feiler:** S. 6 re. o. und 7 re. o. / **U. Kopp** S. 1 re. o. / **R. Schmitz:** S. 5, re. o. und 7 re. u. / **TLC:** S. 1 li. u. und 5 m. u.

Satz: red.sign, Stuttgart
Druck: Druckhaus Cramer, Greven

817 2635 4453 62